LA MIRADA DE LA LUNA

Vicente Molina

Aliarediciones

Corrección: Inés González Calo
Diseño de cubierta: Jaime Galisteo
Maquetación: Aliar Ediciones

Depósito Legal: GR 915-2025
ISBN: 979-13-87823-45-0

Impreso en España

Edita
ALIAR Ediciones
www.aliarediciones.es
info@aliarediciones.es

LA MIRADA DE LA LUNA

Vicente Molina

Era un niño que cruzó el cañón del Colorado,
viajó al centro de la tierra y 20.000 leguas de viaje submarino.
Pisó la Luna, voló sobre Marte y navegó en Venus.
No le tuvo ni miedo a Juan...

Luego... luego creció.

Prólogo

Cuando me pidió Vicente que le escribiera un prólogo a *La Mirada de la luna*, la que es ya su presentación «formal» como nuevo poeta alicantino, mi primer impulso fue entroncarle con la rica veta de la poesía popular de nuestro Miguel Hernández o Juan Chabás, por citar dos de los poetas «clásicos» de la terreta. Pero la tentación se disipó al instante. Porque Vicente vive, padece y se nutre de Alicante, y en su hábitat y con su gente escribe y capta lo que vive, como todos, hoy, a golpe de móvil, y no necesita de esas disquisiciones librescas o filológicas para atraer o justificar nuestra atención.

Su lenguaje atrae por lo bellamente cotidiano y coloquial, con un toque lírico a café auténtico y compartido.

El alma llevo desnuda,
solo el aire la engalana.
Mis palabras, traje sencillo.
Tus oídos, joyas diáfanas.

Un poemario que nos ofrece además, la captura fotográfica y poética de una mirada que es, como la del Cyrano enamorado de Rostand, lunática y locuaz. Maridaje fecundo de palabra e imagen, sin más. Esa mirada de la luna, clásico símbolo del amor y el desamor, de la esperanzada luz en la oscuridad, del silencio y la contemplación.

Ahora solo espero
que vuelva la luna,
la misma
que tú y yo vemos,
sin importar dónde estemos.

Doble motivo para acercarse a esta realidad, visual y poética, que nos descubre a un hombre que vive amando y mirando ama, desde la mirada nocturna, pero atenta del femenino ojo lunar al que «*Le haces llorar, /le enterneces*».

Porque este poemario visual es sobre todo un poemario amoroso, con su dicha y sufrimiento, su carnalidad, su belleza, sus esperas..., y sus tonos grises. Amor real, como la vida misma. Y aquí no citaré ningún verso, porque tenéis que vivirlos, saborearlos con él.

Vicente hace que nos paremos en cualquiera de esos lugares compartidos de nuestro Alicante, olvidándonos de nuestro ajetreo cotidiano, y que veamos y sintamos con él. Es en Alicante, pero podría ser en cualquier lugar.

Un momento.
Un café,
una copa,
tal vez...
¿Yo qué sé?
Solo ese momento,
ese instante,
estar contigo
a tu lado
otra vez.

No dejéis por tanto de agarrar la mano abierta que Vicente os ofrece en este librito:

Te doy mis manos
abiertas.
Seguras, firmes.

Con ellas viví
el presente.
Son tu faro.

Concluyo dando gracias a Vicente por esta experiencia poético-visual. Me has reconciliado con la palabra viva y palpitante del lenguaje cotidiano, auténtico, sin dobleces, que quiere simplemente comunicar, alejado del postureo poético tan pedante, en donde hay muchas hojas, pero poco corazón.

Lo demás,
lo que después queda,
es poesía.

Juan Manuel Martínez Fernández

Nota del autor

El alma llevo desnuda,
solo el aire la engalana.
Mis palabras, traje sencillo.
Tus oídos, joyas diáfanas.

Siempre es difícil poner un título a un poemario: «Ponle un nombre, ¿cómo se llama?».

Sinceramente, puede ser una situación de lo más incómoda y comprometida.

¿Qué introspectiva se debe tener en esas situaciones, para que algo que ha nacido de uno mismo te pertenezca?

Mi sentir es que cualquier expresión artística, ya sea música, pintura, será propia en el momento en que una sola persona pueda apreciarla. A partir de entonces, ya no te pertenece. Por eso la importancia de saber cómo nombrarla, titularla.

Ese título, *La mirada de la luna*, define esa creación y crea de por sí una obra.

Alma libre,
creadora de ilusiones reales
en un mundo incierto,
rompe el corazón.

Lo recompongo en cada verso
con cada estrofa,
con cada día que transformo el universo.
Vivir la vida
no es camino de rosas.

Alma, aguardiente fuerte y rasposo,
un trago duro
y quieres repetir.

Juego con palabras,
dando esperanza en la ilusión.
Mis fantasmas se esconden,
tímidos,
enamorados de la vida,
sintiendo
... menos es más.
Bebiéndose el placer.

Dulce veneno siempre,
gota a gota
verso a verso.

Repitiendo una y otra vez
sin entender...
¿Por qué solo un poeta
enlazando versos?

Me encuentro en el crepúsculo.
Me siento en la alborada.
Me pierdo en la mirada de la Luna,
Distante, misteriosa
mágica, cercana.

Aquí sentado
viviendo
hasta el último suspiro,
despierto, pero soñando.

1

Si a Luna llena
que resplandece,
así la nombras,
¿por qué a la nueva,
negra como pez,
así la llamas?

Triste tristeza.
Melancólica está
Luna de escucharte,
tu luna enamorada.
Solo es nostalgia.

Le aflige
escuchar tus versos.
Regueros de tinta,
le tiznan la cara.

Luego se limpia
y se enjuaga
en las nubes henchidas,
perdidas
en sus propias lágrimas.

Luna te recuerda
siempre

en el olor
de la tierra mojada.

En esa rosa,
húmeda de rocío,
triste,
solitaria.

Le haces llorar,
le enterneces.
Brillante,
pero diáfana.

2

Luna,
tu pelo me acaricia
yo te espero cada noche
en mi ventana.
Desespero cuando estás,
cuando no, muero.

Tus labios
en los míos
me roban el alma.

Luna,
por solo esa
argéntea mirada
te regalé mi corazón.
No te has olvidado.

Luna,
tu memoria es eterna.
Yo he faltado
a mi promesa de no esperarte,
tú, a la tuya
de no buscarme.

3

Aquí,
un banco solitario
sin esperas,
sin rencores.
Mirando
una estrella solitaria
y a Luna,
que está llena.

La noche, iluminada
la oscuridad
no es eterna.
Nadie en el parque
silencioso, solitario.

Una estrella manda un mensaje:
¡No estás solo!
¡Estoy contigo!
Esto no es solo un viaje
Luna y yo, de ti,
no nos separamos.

Luna pregunta siempre la verdad,
lo que no me atrevo a preguntar:
«Realmente... ¿nunca has amado?».

4. CAFÉ CON LUNA

Hoy me encontré a Luna.
Yo solo paseaba.
Estaba muy tranquilo.
Le invité a tomar café
como un buen par de amigos.

—Mucho tiempo sin verte

No lo esperaba.
Me sorprendió.
Pedí un café con leche,
ella pidió un solo.
Me miró con media sonrisa:
—Haz como yo y arriesga...
pídelo fuerte y solo.

Pude contestar:
—La próxima vez trae
a tus amigos deseo y pasión,
siempre pueden ayudar.

—¡Qué tonto!
La pasión y el deseo
los pones tú.
Yo solo tengo
cariño y comprensión.

¿Por qué hablo con alguien
que cree nunca estar enamorado?
Sé que no pierdo
el tiempo contigo.
Estaré siempre a tu lado.

Luego se difuminó
dejándome enamorado.

5

Gris no es el color de la esperanza.

En las noches de estruendoso silencio,
en los días de soledad infinita,
el corazón enraizado en estas piedras,
ajadas por el paso de un segundo.

Aquí, entre estos muros,
un día
es una vida arrebatada.
Solo gris ahora y mañana;
no pierdo el norte del destino
gris en el tacto de mis dedos.
La espera es un gris profundo,
que tímida huye en gris incierto.

No hay métrica, ni rima
en estos oscuros versos
al respirar el aire de este espacio,
regusto gris del aire enrarecido,
roto por el plomizo grito del silencio.

Se pierde la mirada gris
buscando las perdidas esperanzas
en sueños, recuerdos y añoranzas...

Espero que pase raudo
este gris día de eterno invierno.

Te miro, pero no te veo.
Te toco, pero no te siento.
Eres un vago recuerdo
en este futuro incierto.

Las grises lágrimas
en mis mejillas
solo ocultan la alegría
en tu retorno.
Colores que se funden,
diáfanos, pávidos,
en el frío entorno:
rojo de tus labios
castaño de tu pelo
verde de tu tacto
azul de tus besos.

Siento el calor de tu presencia.
El color está en mi sueño,
porque...
¡Vivo mientras duermo!

6

No está oscuro ahí fuera,
mira mi interior;
Luces y sombras.

No siempre dejan respirar.

Los fantasmas existen.

Aparecen
en la noche más oscura.

Aparecen
en la madrugada clara.

Aparecen
en el amanecer sombrío.

Aparecen
cuando aquí no estás.

Mis demonios gritan,
en silencio,
silencio que confunde,
sin tiempo para odiarlos;
solo son mis demonios,

viejos conocidos,
sombras del pasado.

No siempre dejan respirar.

DESAMOR

Las seis.
No ha salido
el sol.
No han puesto
las calles,
todavía.
¿Por qué estoy
despierto?
Levanta.
¿Una ducha?
No me afeito,
por no verme
la cara.
Un café,
por compasión,
negro y fuerte,
como el futuro.
Seis y media,
qué lento
el tiempo.
Otro café.
Me siento,
me miento.
No quiero
dar vueltas.
Que lleguen las siete.

Miro por la ventana
a la playa,
solitaria.
Nace el sol.
No odio el desamor,
solo lo detesto.
Espero que sea la hora
de ir a trabajar.
A las ocho
en el estudio.
Rápido, rápido,
porque entonces yo...
¡¡¡Mierda!!!
Hoy es domingo.
Creo que sí,
odio el desamor.

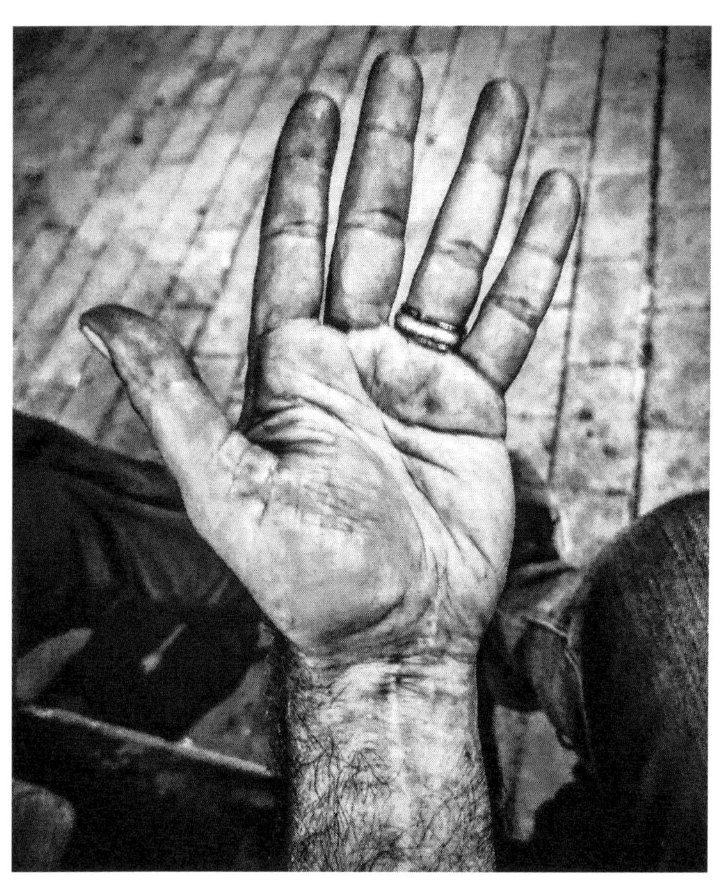

8

Te doy mis manos.
Han creado mundos,
derribado muros,
cruzado fronteras.

Acepta.
Con ellas cambié
el pasado.

Te doy mis manos
abiertas.
Seguras, firmes.

Con ellas viví
el presente.
Son tu faro.

Te doy mis manos.
Amigas, hermanas.

Con ellas te doy
el futuro.
Mitigué el dolor,
consolé a un niño.
Dieron esperanza
a la vida.
Ellas morirán por ti.
¿Vivirás tú por mí?

9

Te amo
pero
no amo,
te quiero
pero
no quiero.
Creo en
tus peores mundos,
creo en
tus peores palabras,
creo en ti.
Si puedes escucharme
no te pierdas
en el pasado,
no importan
tus malos
y grandes errores,
solo tú
te pierdes
en mis ojos.
Mírame,
y dime.
Recuerda
que puedo leer
en tus manos,

las mejores
batallas
que he luchado.

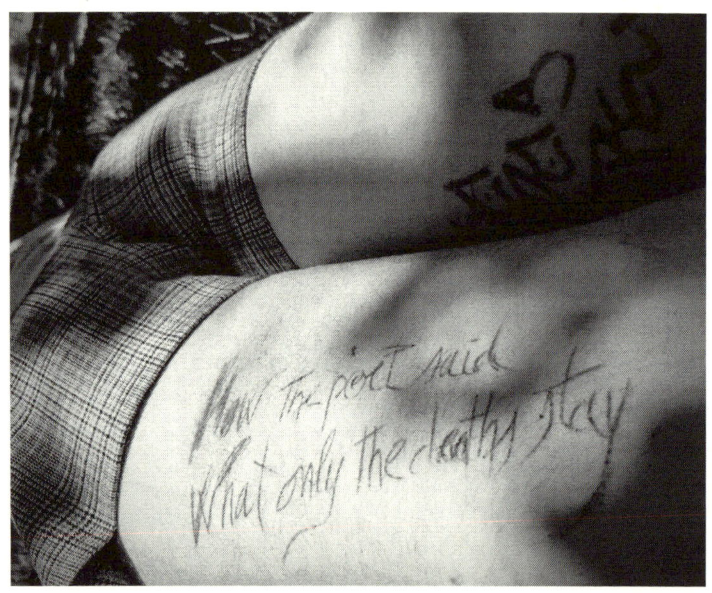

10

Y no te echo de menos.

Que muero por tus besos,
que tu boca me mata.
Comerme tu boca
dulce, picante,
delicada, caliente.
Dice saber lo que hace,
pero es inocente.

Y no te echo de menos.

Que muero por tu sonrisa,
cuando la tienes,
me mata.
Pícara, traviesa
de vuelta de todo
aprendiz de nada.
Llena de dulzura,
también amarga.

Y no te echo de menos.

Que muero por tus ojos
y esa mirada
me mata.

Me miras fijamente
como si quisieras
descubrir lo que siento
y al mismo tiempo
dices que lo sabes.

Y no te echo de menos.

Porque yo muero.
Tú me matas.
Cuando andas,
cuando tocas,
cuando hablas.
Sin rencores
sin perdón
cuerpo a cuerpo.
Muero,
muero,
muero.

Ya lo dijo el poeta...
qué solos se quedan
los muertos.

11. SUSURRANDO

Si dices que en el amor
solo existe el dolor,
no estás usando la razón.

El desamor es
lo que nos hace daño.
Nos destroza el corazón.

Solo quiero un segundo.
Poder
volverte a ver.
Poder
sentir de nuevo tus caricias.
Poder
volverte a besar.
Poder
volverte a acariciar.
Poder
susurrarte al oído:
«no quiero de ti
volverme a separar».

Que sepas:
aún eres mi vida.
Y decir al mundo,
que es mentira,

que la distancia
no hace el olvido.

Que sepan todos:
quiero estar contigo.
Sabes que por ti
les mentiría.

Les diría:
«no me pasa nada».
Que tú supieras
que mi risa
ya no es risa,
solo una mueca
para mí extraña.

Y solo frente al mundo
no puedo gritar,
solo mirar
al infinito.

Solo esperar
que este dolor pase,
pero sé
que nunca pasará.

Este cuerpo está vacío,
robaste mi alma.

Dejaste un recuerdo.

Será lo único que quede
en esta increíble
historia de amor.

Nos faltó el tiempo
para desenamorarnos.
No le pidas cuentas
a esta sinrazón.
Aquí nadie tuvo
nunca la culpa.

Tal vez el tiempo,
por no dar tiempo
a no engañarnos,
o simplemente
dejarnos juntos,
poder continuar.

Ahora solo queda
tristeza y desengaño.
Siempre preguntaremos
si lo nuestro
nunca hubiera
debido terminar.

EXTRAÑOS

No me toques
no me mires
ni que te acerques quiero.
Tu presencia me provoca.
Aléjate.
No me hables
tu voz me desarma.
No sé qué quieres de mí,
yo sí sé qué quiero de ti.
Oírte gemir cuando te como
oírte gritar cuando te follo.
Gritar burradas dentro de ti,
susurrarte al oído
que no puedo más
que te amo
que no aguanto más
de tan excitado.
Cuando me corro
quiero que te corras conmigo.

Y mañana,
si tú quieres,
ni te conozco.

LA
BELLEZ
EN TU

12. TU MISCELÁNEA

No es una rosa
es la forma
de tus labios.
Si los pones
en mi boca,
me robarás
el corazón.
Que por esa mirada
ya te regalé
el alma.

***

En tus ojos,
me pierdo.
Ardientes,
arrebatados,
apasionados.
Sin contemplaciones,
sin miramientos, sin perdón.
Miradas calientes de tan frías,
apasionadas
de tan ardientes
Perdidas.
Nunca olvidadas...
Nunca muertas.

Por ti.
Por mí.
Sin nadie.
Sin nada.
Adiós.
Hasta siempre.
¿O no?

***

Se me olvidó
levantarme
sin pensar en ti
envuelto
en esta oscuridad.

Se me olvidó
tomar café,
por ser solo
y amargo.

Se me olvidó
dejar de sentir
el sabor
de tu piel
bajo la mía.

Se me olvidó
no mirar
el infinito mar
por ser del color
de tus ojos.

Se me olvidó
no llorar
por no tener
el sabor
de tus lágrimas.

Se me olvidó
no amarte
simplemente
se me olvidó
olvidarte.

***

No apagues la luz
me gusta ver tu cara.
Es hermosa.
No quiero olvidarla.
Recuerdos que ayudan
a sentirte más cercana.
Ese olor de tu cuerpo,
esa mirada intensa

una sonrisa que mata,
radiante, pícara, inocente...
No sé,
a veces amarga.
Ese beso que aún recuerdo,
esa caricia tierna,
la distancia eterna.
Recuerdos.
Y ahora quiero
el recuerdo de tu cara.

13

Un momento.
Un café,
una copa,
tal vez...
¿Yo qué sé?
Solo ese momento,
ese instante,
estar contigo,
a tu lado
otra vez.
Si quieres volar,
vuela.
Si quieres amar,
ama.
Nunca olvides,
nunca dejes
de recordar.
No es indiferencia,
solo soledad.
Si no estás aquí,
abrazo el vacío.
Te marchaste
sin avisar,
sin un beso
sin un recuerdo.

Viniste
para marcharte
sin un hasta luego,
sin un adiós.
No retornes,
ya no estoy.

14

Si solo tocas mis manos,
nunca sentirás mi dolor.
Si solo miras mi sombra,
nunca verás mi alma.
Si solo oyes mis palabras,
nunca escucharás mi corazón.
Los oídos del alma
solo escuchan
el estruendoso
ruido del silencio
con la puerta
abierta al mundo.

No digo adiós
solo hasta luego.

15

Solo levanta la mirada,
la vida reverdece.
La tarde soleada,
la vista enternece.

Esperando que el sol caiga,
sintiendo, ya no palidece.
Mi interior abriga
lo que en mi vida florece.

Dicen: «Las nubes no sienten»,
pero tienen vida propia.
Aunque etéreas, mi tacto estremecen
y de mis sentidos se apropian.

No me entristece la lluvia,
da vida a mi entorno.
Nada espero en este día
solo volar, sin esperar retorno.

Miro y solo tengo rimas.
Mi cabeza, una explosión de colores.
Quiero alcanzar las cimas
de sus tactos y sabores.

Aquí estoy como una estatua,
no soy mármol, ni granito.
En el interior, el tiempo fluctúa.
Pero... ¿existe o es infinito?

16

¿Qué es poesía?

Ser tu aliento,
sin respirarte.
Ser tu piel,
sin conocerte.
Ser tu corazón,
sin verte.
Ser tu alma,
sin poseerte.

¿Qué es poesía?

Extasiarme
en tu esencia.
Hechizarme
en tu aroma.
Enloquecer
en tu presencia.
Enamorarme
en tu sabor.

¿Qué es poesía?

Creer,
porque existes.

Pensar,
por estar ahí.
Por ti creé
estas rimas.
Siempre serás tú
mi poesía.

17

Siempre me he deleitado
escribiendo versos
de amor y desamor.

Disfrutaba esa intimidad
cuando me leías,
cuando me mirabas,
cuando me escuchabas.

Lo mío
no son confidencias,
tal vez sean vivencias...
¿por qué no?

No soy yo
quien lo define,
solo tu mente
y tu razón.

Tal vez
solo palabras,
salen del alma,
que siente tu corazón.

Yo, las confidencias
en susurros, al oído,
con caricias y desnudos.

Pero...
es mi vida.

Lo demás,
lo que después queda,
es poesía.

18

Soy un pecador.

Recuerdo
todos mis pecados.

Y ha sido
por robar corazones.

No fueron grandes pecados.

El peor de todos
mentir y decir:
nunca
he
estado
enamorado.

Sabes...
Yo me he perdonado.

19

Pasa el tiempo,
solo veo recuerdos.

No es mi intención
mentar el pasado
ni recordar
malos momentos.

¿El infinito tiene final?
Nunca llego a encontrarlo.
Busco finales felices,
me cuesta hallarlos.

Soy feliz porque respiro,
soy feliz por soñar,
soy feliz porque vivo,
soy feliz por amar.

Si quieres ver tu futuro,
dame tus manos.

No voy a enseñarte
algo que no sepas.

Recordarás
qué habías olvidado.

Solo necesito besos,
caricias, un abrazo,
un «te echo de menos»,
esa mirada dulce...

Te amo.

No sé hablar de amor,
solo estoy enamorado.

20. LENTO

Metrónomo insufrible,
el tiempo.

La espera se alarga.
Un segundo es eterno.

Subí del infierno.
No me gustó
este cielo.

Mis demonios jugaban
a la gallina ciega,
se escondían
en las sombras.

Yo no tenía miedo.

Les sorprendía,
viviendo la vida
sin resentimiento.

Ahora solo espero
que vuelva la luna,
la misma
que tú y yo vemos.

Vivir el momento
es lo único que tengo.

Amanece,
no encuentro final.

Otro día florece,
lento.

A veces,
no pasa el tiempo.

Tengo recuerdos
tan vívidos,
que siento
del presente
el aliento.

Susurra:
estoy contigo,
odia sin mesura,
ama sin fin,
vive intensamente.

21. DICEN

Dicen que
soy demasiado mayor
para estar aquí.

Que pasa el tiempo.
Que soy más viejo.
Más maduro.

Me siento sabio, valiente.
He vivido la vida intensamente,
sin importar el mañana.

Recordando el pasado,
enamorado del futuro,
viviendo el presente.

No he perseguido sueños,
yo los he vivido.
Me conoces.

Estás enamorada
de un ser muy real,
no de un ídolo de barro.

Tal vez

es tarde para pedir perdón.
Si te sirve,
me arrepiento.

Tal vez

tan perdido en la vida,
que no me di cuenta.
En verdad me amabas.

No estar contigo
dándote la mano,
levantándote si caías.

Pero tú,
no dejabas nunca
ver tu realidad.

Y me he sentido solo,
estando tú a mi lado.
Solo frente al mundo.

Y tú,
enamorada de mí.

22

Si amanece
no esperes
la claridad
para vestirte
de luz.
No esperes
al alba.
Las noches
pueden ser
horribles,
solitarias
y sin esperanzas.
Tú brillas
en la vida
sin necesidad
de que lo aprueben
tus fantasmas.
Ama lo que quieres.
Ama lo que conseguiste.
Ama lo que fuiste.
Nada ni nadie
puede decirte
quién eres.
Sueña en la locura,
conseguirás
cambiar
el mañana.

23

Tengo un corazón
de piedra.
Lo siento.
No,
no lo siento.
Es el sino de mi vida,
ser villano y verdugo,
ser frío como el hielo,
ser el lobo del cuento.
Tener esa mirada
que mata de amor...
de pasión
de deseo.
Crear una coraza
para no sentir dolor,
pero lo siento.
De cicatrices llevo
el cuerpo.
Todas tienen historia,
no quedan recuerdos;
he querido dejarlos,
atrás,
perdidos en el tiempo.
Si preguntas
«¿Ganastes?»,
no recuerdo.

Solo puedo ofrecer
un corazón roto
cubierto de piedra.
Debajo
solo quedan pedazos,
de mil batallas ganadas
pero una guerra perdida.
Aunque no lo creas
aún amo.

24

Que esto merezca la pena,
solo por esta noche.
Dejaré que me ames,
solo por esta noche.
Serás mi piel,
solo por esta noche.
Dejaré que amanezca,
contigo,
solo por esta noche.
No habrá nadie
más que tú,
solo por esta noche.
Y el punto
será infinito,
solo por esta noche.
Creeré tus mentiras,
esta noche,
solo.

PERDÓN

Sí, pido perdón.
Perdón por no olvidar,
perdón por no perdonar,
perdón por amar.
Perdón por lo que nos dijimos.
Las palabras,
aunque no las sientas,
se pierden en la brisa,
vuelan en el viento,
pero en la tormenta
hieren como lanzas.
Que fría como hielo
seas ahora,
hace que te ame más,
pero sin esperanza.

«FENIX»

Renazco en las brasas
después del incendio.
Quiero recordar
todas esas cosas
que lo provocaron.
Quiero sentir dolor
y nunca olvidar.
La cicatriz
no es estigma,
es la marca
en mi cuerpo
de lo que luché
para obtenerlo.
La llevo con pasión
... pero tranquila,
por orgullo nunca
diré al mundo
que fuiste tú
quien me la hiciste.
Es igual a la tuya.

25

A veces me siento
como un lobo solitario,
otras,
el rey indiscutible,
un altivo león.
Muchas veces
ese tigre mimetizado
protegiendo su corazón.
Pero al final,
solo soy un pobre gatito
que necesita
mimos y amor.
Puedo ser tu ángel
que te desea
dulces sueños,
o ese diablo
que te hará morir
de pasión.
Es posible que no sepa
lo que soy,
pero sí lo que no.

No quiero jugar
a juegos aburridos,
ahora sí
ahora no.

Mi vida me pertenece,
lo que está en ella,
... cómo no.

Perdono porque
aprendí a perdonarme.
Me cansé de pedir disculpas
por lo que no había hecho.
De aguantar miradas
de despecho
por solo ser yo.

Sé tú mismo
aunque les duela.
Ser tú, es ser sincero
y la verdad les dolerá.
Que no cambies
se agradece.
Así siempre
obtendrás
mi respeto,
mi amor.

RECUERDO

Recuerdo de tus besos
poemas para enamorados.
Recuerdo de tus caricias
música de nuestras vidas.
Recuerdo para una epifanía,
tu mirada fría.
No deberías leer estos versos
si estás enamorad@,
hablan de desamor,
pueden dañar el alma.
Lágrimas en mis mejillas
enturbian y exaltan
la pérdida inminente.
Solo un epitafio
para esta lápida etérea:
«Aquí yace un corazón desdichado,
mancillado por la desidia.
Resquitecat in pace».
Descansa en paz.
Nunca olvides:
siempre seremos dueños
de nuestros actos,
pero nunca
de nuestras mentiras.

DUELE

Duele.
El amor en el desamor.
El amor en soledad.
La desidia, la hipocresía,
la ausencia, la distancia.

Me duele.
Las canciones tristes.
Me hacen llorar
en silencio ahogado
por recuerdos inacabados.

Duele.
No poder tener tu presencia.
No poder escuchar tu voz.
No poder mirarme en tus ojos.
No poder robarte un beso.

Me duele.
Echarte de menos.
Ayer, solo tú.
Hoy, el infinito.
Mañana, no sé... soledad.

Duele.
El sentido de la vida,
por no tener sentido.
Esperar desesperado
volverte a encontrar.

Siento.
Luego existo. ¿O no?
Ver el titilar de las estrellas.
Ver la sonrisa de Luna.
Ver la vida pasar.

Siento.
Esperar mi vida en la tuya.
Respirar el aire enrarecido
entre la gente vociferante,
sin entender por qué gritan al vacío.

Me duele.
No entender mi presente,
por no estar en tu futuro,
siendo todo mi pasado.

Te siento.
Tan cerca, tan lejos.
Te siento
tan dentro de mí.

Recuerda.
Mis demonios
ya te echan de menos.
Eso
duele.

OLVIDO

Me partiste el corazón
y si crees que solo
por tomar café
algo de esto va a cambiar,
quiero que recuerdes,
fui yo el que te dejó marchar.
Tú me decías:
«siempre seré feliz
a tu lado».
Encontraba luz
cuando me mirabas
y sonreías.
Paso el tiempo sin ti
y no me acostumbro
a tu ausencia,
no me acostumbro
a sentir
el vacío de tu presencia.
Ahora ya no queda más
que un jardín de piedra,
baldío y desierto.
Mi corazón, ya roto
de tanto despecho,
pues fue tu silencio
lo que me hizo daño.

Aunque siga enamorado,
no quiero que vuelvas
otra vez a mi lado.
Ya no soy un pasatiempo
con el que puedas jugar,
ni uno de tus complementos
de usar y tirar.
Olvídate de mí,
no existo.
Solo quiero que te vayas,
siempre fue tu silencio
lo que me partió el alma.
Estoy harto de repetir,
alto lo puedo decir,
algo que el mundo sabe...
Ya no te queda nadie
que puedas llamar hogar.

AL ALBA

A mi abuelo Vicente
fusilado en Alicante
en la prisión de José Antonio.

La claridad se insinúa.
Nace la mañana.
El aire se llena de bruma.
Brota de los cuerpos
que al pie del muro
parece que duermen.
Vienen más al muro.
Caminan lentamente.
Tiemblan.
No es de frío.
Tiemblan,
porque sienten
que la mañana
ya es efímera,
mientras miran la bruma
que no es inocente.

De espaldas al muro,
solo uno de ellos
se atreve a mirar.
Siente el arrebato,
esa furia inerte.

Siente muy profundo
al mirar los fusiles:
«son bocas hambrientas,
hambrientas de mí».
Los mira a los ojos.
«¿Qué crimen cometí?
nunca cogí armas,
solo usé palabras.
Solo por miraros,
solo por decir...
"no pienso igual,
estáis equivocados"».

Siente la explosión.
Su cuerpo se llena
de frío.
Se rompen los huesos.
Se ve fuego ardiente.
¡Pero es fuego de hielo!
¡Porque es fuego de odio!
¡Es fuego ...
de muerte!

Allí quedan todos,
solos en el muro.
Como muñecos de trapo.
Desmadejados, rotos,
abandonados.
Y ahora
olvidados.

YA ME CALLO

Pues...
ya no te molesto
con mi sincera inquietud.
Que la deuda no se pague
corra Baco en nuestras venas
se disipen pesadumbres
y las damas no nos falten.
«¿Damas?», preguntaréis
¡¡¡Damas!!!
Que nuestro cuerpo disfrute
de los rezos de señoras.
Que nuestra cama enmudezca
de tan casquivana usanza...
¿Platicar?
¡No, anormal!
¡¡¡Follar!!!

Agradecimientos

La lista sería larga y siempre quedaría alguien perdido en la memoria.

Las únicas palabras que puedo decir, para agradecer ser quién soy y poder ver estas letras plasmadas en el viento y poder todos respirarlas y sentir su aroma:

«¡Oh Dios mío!, está lleno de estrellas».
(2001: Una odisea espacial).

Índice

Este libro se terminó de editar en Granada
en junio de 2025 por

www.aliarediciones.es
info@aliarediciones.es